¡De los jardines!

Empiezan
como pepinos.

¡Qué chévere!

Los recolectamos cuando están pequeños.

¿De dónde viene?

Del jardín al pepinillo

por Penelope S. Nelson

Bullfrog en español

Ideas para padres y maestros

Bullfrog Books permite a los niños practicar la lectura de textos informativos desde el nivel principiante. Las repeticiones, palabras conocidas y descripciones en las imágenes ayudan a los lectores principiantes.

Antes de leer

- Hablen acerca de las fotografías. ¿Qué representan para ellos?
- Consulten juntos el glosario de las fotografías. Lean las palabras y hablen de ellas.

Durante la lectura

- Hojeen el libro y observen las fotografías. Deje que el niño haga preguntas. Muestre las descripciones en las imágenes.
- Léale el libro al niño o deje que él o ella lo lea independientemente.

Después de leer

- Anime al niño para que piense más. Pregúntele: ¿Comes pepinillos? ¿Sabías que los pepinillos eran pepinos antes de leer este libro?

Bullfrog Books are published by Jump!
5357 Penn Avenue South
Minneapolis, MN 55419
www.jumplibrary.com

Library of Congress Cataloging-in-Publication Data

Names: Nelson, Penelope, 1994– author.
Title: Del jardín al pepinillo / por Penelope S. Nelson.
Other titles: From garden to pickle. Spanish
Description: Minneapolis, MN: Jump!, Inc., [2021]
Series: ¿De dónde viene? | Includes index.
Audience: Ages 5–8 | Audience: Grades K–1
Identifiers: LCCN 2020022606 (print)
LCCN 2020022607 (ebook)
ISBN 9781645276135 (hardcover)
ISBN 9781645276142 (paperback)
ISBN 9781645276159 (ebook)
Subjects: LCSH: Pickles—Juvenile literature.
Cucumbers—Preservation—Juvenile literature.
Canning and preserving—Juvenile literature.
Classification: LCC TX805 .N4518 2021 (print)
LCC TX805 (ebook) | DDC 641.4/62—dc23
LC record available at https://lccn.loc.gov/2020022606
LC ebook record available at https://lccn.loc.gov/2020022607

Editor: Jenna Gleisner
Designer: Anna Peterson
Translator: Annette Granat

Photo Credits: Nataliia Melnychuk/Shutterstock, cover; Africa Studio/Shutterstock, 1, 12; Sever180/Shutterstock, 3; Lapina/Shutterstock, 4; Lyubov Demus/Dreamstime, 5; Tatevosian Yana/Shutterstock, 6–7, 22tl; RossHelen/Shutterstock, 8–9, 22tr, 23tr; Ingrid Heczko/Dreamstime, 10–11; Verena Joy/Shutterstock, 13 (background); Claire Lucia/Shutterstock, 13 (foreground); Alexlukin/Shutterstock, 14–15, 16–17, 22br, 23bl; GarysFRP/iStock, 18, 22bm, 23tl; Jupiterimages/Getty, 19, 23br; RuslanDashinsky/iStock, 20–21, 22bl; domnitsky/Shutterstock, 24.

Printed in the United States of America at Corporate Graphics in North Mankato, Minnesota.

Tabla de contenido

Meriendas crujientes

¡A Ken le encantan los pepinillos!

¿De dónde vienen?

Los restregamos.

¿Por qué?

Para sacarles la suciedad.

Los ponemos en frascos.

Les añadimos ajo.
Les añadimos eneldo.

¡Los ajos también crecen en nuestro jardín!

¡Qué bien!

salmuera

Preparamos una salmuera.

La echamos en el frasco.

Luego, los cerramos bien con las tapas.

¡Están listos para el próximo paso!

tapa

Se colocan los frascos
en una olla.

El agua hierve.

¡Las tapas se sellan!
¡Qué genial!

Esperamos unas cuantas semanas.

¡Nos comemos algunos!

¡Qué crujientes!

Del jardín a la mesa

¿Cómo llegan los pepinillos de eneldo a nuestras mesas?

1. Recolectamos pepinos de un jardín.

2. Restregamos los pepinos para sacarles la suciedad.

3. Los ponemos en frascos con ajo, eneldo y salmuera. Los cerramos bien con las tapas.

4. Hervimos los frascos en una olla de agua hasta que se sellen.

5. Unas semanas después, ¡comemos pepinillos!

Glosario de fotografías

hierve
Se calienta hasta el punto en que salen burbujas.

restregamos
Limpiamos algo frotándolo o cepillándolo fuertemente.

salmuera
Una mezcla líquida de agua y otros ingredientes, como el vinagre y la sal.

se sellan
Cuando las cosas quedan ajustadas de forma apretada.

Índice

Para aprender más

Aprender más es tan fácil como contar de 1 a 3.

1. Visita www.factsurfer.com
2. Escribe "deljardínalpepinillo" en la caja de búsqueda.
3. Elige tu libro para ver una lista de sitios web.